AF369670

CATALOGUE

DE

TABLEAUX

ANCIENS & MODERNES

DES

ÉCOLES FRANÇAISE, FLAMANDE & ITALIENNE

PROVENANT DE L'ÉTRANGER

DONT LA VENTE AURA LIEU

HOTEL DROUOT, SALLE N° 4

AU PREMIER ÉTAGE

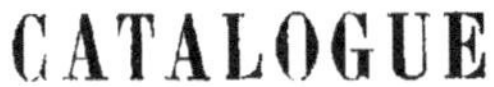

Le Lundi 27 Novembre 1865

A DEUX HEURES PRÉCISES

Par le ministère de **Me COUTURIER**, Commissaire-Priseur,
Boulevart de Sébastopol, 95,
Assisté de **M. BARRE**, Expert, rue de la Boule-Rouge, 7,
CHEZ LESQUELS SE DISTRIBUE LE PRÉSENT CATALOGUE

EXPOSITION PUBLIQUE

Le DIMANCHE 26 Novembre 1865, de deux heures à cinq heures.

PARIS

RENOU & MAULDE

IMPRIMEURS DE LA COMPAGNIE DES COMMISSAIRES-PRISEURS

Rue de Rivoli, 144.

1865

CATALOGUE

DE

TABLEAUX

ANCIENS & MODERNES

DES

ECOLES FRANÇAISE, FLAMANDE & ITALIENNE

PROVENANT DE L'ÉTRANGER

DONT LA VENTE AURA LIEU

HOTEL DROUOT, SALLE N° 4

AU PREMIER ÉTAGE

Le Lundi 27 Novembre 1865

A DEUX HEURES PRÉCISES

Par le ministère de Me **COUTURIER**, Commissaire-Priseur,
Boulevart de Sébastopol, 95,

Assisté de **M. BARRE**, Expert, rue de la Boule-Rouge, 7,

CHEZ LESQUELS SE DISTRIBUE LE PRÉSENT CATALOGUE

EXPOSITION PUBLIQUE

Le Dimanche 26 Novembre 1865, de deux heures à cinq heures.

PARIS

RENOU & MAULDE

IMPRIMEURS DE LA COMPAGNIE DES COMMISSAIRES-PRISEURS

Rue de Rivoli, 144.

1865

CONDITIONS DE LA VENTE

———

Elle sera faite au comptant.

Les Acquéreurs paieront, en sus des adjudications cinq pour cent applicables aux frais

DÉSIGNATION

DES

TABLEAUX

1 **André** (Jules). Paysage avec rivière.

2 **Albane**. Sainte Famille dans un paysage.

3 **Boilly**. Dame à sa toilette.

4 **Brakeleer** (Signé). Le galant Pêcheur.

5 **Béga** (C.). Le Buveur indiscret. — Scène de tabagie.

6 **Barentgaël**. Village de la Hollande, avec un grand nombre de figures.

7 — Pendant du précédent.

8 **Breughel**. La Vierge.
Médaillon entouré de guirlandes de fleurs.

9 **Brauwer**. Le Fumeur.
Esquisse en grisaille.

10 **Balen** (Van). La Vierge et l'Enfant Jésus.

11 **Bibiena**. Extérieur de Palais italien, avec figures.

12 **Breughel**. Deux petits sujets religieux dans un même cadre.

13 **Bloemen** (Van), signé. L'Abreuvoir.

14 **Berré** (Signé et daté). Animaux au pâturage.

15 — Pendant du précédent.

16 **Craesbeck**. Intérieur de boucherie en Flandre.

17 **Crespi**. Moissonneurs au repos.

18 — Pendant du précédent.

19 **Crépin**. Port de mer avec pêcheurs.

20 — Site italien orné de figures.

21 — Pendant du précédent.

22 **Callot**. Port de mer avec château fort.
Des soldats se disposent à s'embarquer.

23 **Chardin**. Intérieur. Deux jeunes filles se tiennent par la main.

24 **Dreux** (Attribué à De). Départ pour la chasse.
Deux pendants.

25 — Chasse à courre.

26 **Drouais** (Signé). Portrait de jeune Fille en vestale.

27 **Diétricy**. Tête de Moine.

28 **Dunouy**. Paysage traversé par un cours d'eau.

29 **Esmann** (Signé). Perdrix et Oiseaux morts dans un paysage.

30 **Franck** le jeune. Sainte Famille.
Peinture sur albâtre oriental.

31 **Flinck** (Govaert). Tête de Condottieri.

32 **Franck** le vieux. Sainte Catherine.

33 — La Vierge et l'Enfant Jésus.

34 **Guardi**. Vue du palais vénitien avec personnages.

35 **Garnerey**. Deux Marines faisant pendant : le Départ et le Débarquement.

36 **Giusi** (Signé). Animaux au repos dans la campagne.

37 **Guardi**. Extérieur de palais avec figures.

38 **Guide** (le). Sainte Madeleine.

39 **Huysmans**. Paysage montagneux orné de figures.

40 **Heyden** (École de Van der). Vue de l'ancienne tour de la Haye, avec figures.
Peinture très-finement exécutée.

41 **Hulstyn** (Signé Van). Bouquet de fleurs posé sur une table.

42 **Hemskerke**. Vieillard dans son cabinet, occupé à écrire.

43 **Helst** (Van der). Petit portrait de femme à collerette.

44 **Halk** (Signé). Environs de Dieppe.

35 **Hoppenbrowers** (Signé). Vue d'une campagne des environs de Harlem.

46 **Jeaurat**. Artisan tenant un verre à la main.

47 — Le Chanteur des rues.

48 **Kobell** (Signé). Animaux au pâturage.

49 **Koekoek** (Signé). Marine. Vaisseaux en pleine mer.

50 **Koekoek**. Marine, mer houleuse.

51 **Knip** (Signé). Deux sujets pendants (Chats).

52 **Kessel** (Van). Singes mangeant des huîtres.

53 **Ledieu**. Le Maréchal ferrant.

54 **Laar** (Pierre de). Paysage orné de figures et d'animaux.

55 **Lacroix**. Petite Marine avec pêcheur.

56 **Michaud**. Paysage orné d'un grand nombre de figures.

57 — Pendant du précédent.

58 **Maas**. Portrait d'une princesse d'Orange.

59 **Moucheron**. Site italien orné de figures.

60 **Mirevelt**. Portraits d'un gentilhomme hollandais et de sa femme.

61 **Molnaer**. Les Cinq Sens.

62 **Maas**. Village de la Hollande ; effet de neige.

63 **Maton**. Le vieux Marchand d'œufs.

64 **Moreau**. Intérieur de parc orné de jets d'eau.

65 **Moni** (de). Jeune Femme écoutant le tic-tac d'une montre.

66 — La Marchande de gibier.

67 **Michel**. Paysage des environs de Paris.

68 **Nattier**. Portrait de jeune Dame de qualité en riche costume, orné de fleurs.

69 **Os** (Signé Van). Vue d'un canal de la Hollande.
   Près du bord, des moutons au repos.

70 **Ouwater** (Signé). Environs de Dordrecht.
   Paysage animé de figures.

71 **Ommeganck** (Signé). Animaux au pâturage près d'une rivière.

72 **Palamède**. Choc de cavalerie.

73 — Le Camp.
   Divers cavaliers sont arrêtés près d'une cantine.

74 **Prudhon**. Portrait de l'Artiste.
   Très-belle esquisse.

75 **Plas** (Signé). Moutons au pâturage.

76 **Palamède**. Réunion de dames et de seigneurs en costume Louis XIII.

77 **Reynolds**. La petite Marchande d'œufs.

78 **Rombouts**. Petit paysage. Entrée de village.

79 **Rust** (Signé). Port de mer orné de figures.

80 **Robert** (L.). Brigand italien sur un rocher.

81 **R. L.** (Signé). Environs de Rotterdam. Effet d'hiver.
   Soleil couchant.

82 **Ricci** (Sébastien). Le Sacrifice.

83 **Stry** (Van). Le Marchand de poissons.

84 **Snyers**. La petite Marchande de fruits.

85 **Schendel** (Van). Paysage avec figures.

86 **Sauvage**. Deux petits Amours en grisaille faisant pendant.

87 **Spohler**. Village de la Hollande, canal glacé avec patineurs.

88 **Stella**. La Naissance de la Vierge.
Tableau très-fin sur cuivre.

89 **Schelfont**. Canal glacé.
Village de la Hollande orné de figures.

90 **Steen** (Jean). Scène d'intérieur.
Fumeur surprenant une femme endormie.

91 — La Visite du docteur.

92 **Sasso Ferrato** (Ecole de). Vierge et Enfant Jésus.

93 — Peinture sur albâtre oriental.

94 **Schowaerts**. Paysage orné d'un grand nombre de figures.

— Pendant du précédent.

95 **Steen** (J.). L'Écrivain.

96 **André del Sarte** (Attribué à). Tête de Vierge.

97 **Thomas** (Signé). Marine, mer houleuse.

98 — Pendant du précédent.

99 **Troos**. Intérieur de jardin.

Divers personnages s'occupent de travaux rustiques.

100 **Ten Kate** (Signé). Scène prise d'après nature, au Jardin zoologique d'Anvers.

101 **Tol** (Van). Intérieur flamand.

102 **Téniers** (Signé). Le Fumeur flamand.

103 **Taunay**. Petite marine. Le débarquement.

104 **Utrecht** (Van). Deux sujets en pendant : Perroquets.

105 **Vigée**. Portrait de Mme de Polignac.

(Pastel.)

106 **Ary de Vois**. Le Buveur hollandais.

107 **Vliégler**. Marine, mer agitée.

108 **Verheyden**. La Lecture de la Gazette.

109 **Versen** (A.-E.), signé. Entrée d'un village de la Flandre.

110 **Vanloo**. Episode de l'incendie de Troie.

111 **Valin** (Signé). Jeune femme la tête poudrée, époque Louis XVI.

112 **Vitelli** (Van). Paysage-marine animé de figures.

113 — Pendant du précédent.

114 **Verkhout** (Signé). Paysan tenant son cheval par la bride, dans une campagne.

115 **Verdussen**. Siége d'une ville.

116 **Verboeckhoven**. Vaches au pâturage.

117 **Wouvermans** (Philippe). Plage de Scheveningue, ornée de figures.

118 **Watteau de Lille.** Scène de comédiens italiens.

119 — Sujet pastoral. Pendant du précédent.

120 **Ecole française.** Petit Portrait de dame de qualité.

121 — Petit Portrait de comédienne.

122 — Amour tenant une torche.

123 — Petit Portrait de dame, costume de l'époque de Louis XIV.

124 **Ecole italienne.** Saint tenant l'Enfant Jésus debout.

125 **Ecole belge.** Paysage avec château fort. Effet de neige.

126 — Petite marine avec figures.

127 — Paysage avec moulin. Effet d'hiver.

128 — La Maison du pêcheur.

129 — Paysage. Effet de brouillard.

130 — Petit Paysage montagneux orné de figures.

131 — La Surprise du garde champêtre.

132 — Intérieur d'étable.

133 — L'Aumône.

134 — Le Moulin.

135 **Ecole anglaise.** Le Ménage hollandais. Pastiche d'Ostade.

136 Ecole hollandaise. Environs de La Haye.
Paysage orné de figures.

137 — Pendant du précédent.

138 — Paysage.
Canal glacé sur lequel s'exercent des patineurs.

139 **Ancienne école anglaise.** Portrait de
Henri VIII.

140 — Portrait d'Anne de Boleyn.
Pendant du précédent.

141 **Ecole flamande.** Paysage montagneux, avec
figures et animaux.

142 — Paysan occupé à examiner des papiers.

143 — Sous ce numéro les objets non catalogués.

Renou et Maulde, Imprimeurs de la Compagnie des Commissaires-Priseurs.
rue de Rivoli, 144.   46664